30 nov. 1860
Procès verbal

CATALOGUE

D'UNE COLLECTION

DE

TABLEAUX

ANCIENS

DES DIFFÉRENTES ÉCOLES

DONT LA VENTE AURA LIEU

Le Vendredi 30 Novembre 1860

A UNE HEURE

HOTEL DES COMMISSAIRES-PRISEURS

Rue Drouot, 5

SALLE N° 3

M° DELBERGUE-CORMONT, Commissaire-Priseur,
rue de Provence, 8,

Assisté de M. DHIOS, Expert, rue Le Pelletier, 33.

Chez lesquels se délivre le Catalogue.

EXPOSITION PUBLIQUE

Le Jeudi 29 Novembre 1860, de midi à cinq heures.

PARIS
RENOU ET MAULDE

IMPRIMEURS DE LA COMPAGNIE DES COMMISSAIRES-PRISEURS
rue de Rivoli, 144.

1860

M. Meyer

Paris
fact 25 k g. } M. Salomon — 586.50
butt 18.
Budat 729. } M. Wuttcke — 908.25
achat 87.19
ancien 524.19
_____ 1494.75
1582.50

CATALOGUE

D'UNE COLLECTION
DE

TABLEAUX
ANCIENS
DES DIFFÉRENTES ÉCOLES

DONT LA VENTE AURA LIEU

Le Vendredi 30 Novembre 1860

A UNE HEURE

HOTEL DES COMMISSAIRES-PRISEURS
Rue Drouot, 5

SALLE N° 3

Me DELBERGUE-CORMONT, Commissaire-Priseur,
rue de Provence, 8,

Assisté de M. DHIOS, Expert, rue Le Pelletier, 33.

Chez lesquels se délivre le catalogue.

EXPOSITION PUBLIQUE

Le Jeudi 29 Novembre 1860, de midi à cinq heures.

PARIS
RENOU ET MAULDE
IMPRIMEURS DE LA COMPAGNIE DES COMMISSAIRES-PRISEUR

1860

CONDITIONS DE LA VENTE

Elle sera faite au comptant.

Il sera perçu CINQ POUR CENT, en plus des enchères, applicables aux frais.

DÉSIGNATION
DES
TABLEAUX

OUDRY (J.-B.)
1 — Canards dans un paysage avec rivière. *30*

VAN DYCK (Attribué à).
2 — Le Christ, descendu de la croix, est soutenu par la Vierge ; de chaque côté, un ange. *16*

LANCRET.
3 — Danse dans un parc. (Grisaille.) *31*

LUINI (Attribué à BERNARDINO).
4 — La Vierge, Jésus et saint Jean. *55*

VAN DYCK.
5 — Le Christ en croix. Au pied de la croix, on voit les Saintes Femmes qui prient. *61*

LESUEUR (École de).
6 — La Mort de saint Bruno. *22*

MICHEL-ANGE DES BATAILLES.
7 — Fruits et fleurs. *8* *17*

MICHEL-ANGE DES BATAILLES.

8 — Fruits et fleurs.

(Deux jolis pendants.)

MICHEL-CARRÉ.

9 — L'Annonce aux bergers. Belle composition animée sur le premier plan de figures et animaux.

Ce tableau est signé et daté. — 60

TINTORET (Attribué au).

10 — Portrait d'un savant. — 6..15

RAVEISTEN.

11 — Portrait d'homme. Il est coiffé d'un chapeau à larges bords; sa tunique noire est couverte d'une collerette blanche; vu à mi-corps avec mains. — 6

VAN DYCK.

12 — Le Christ au roseau. — 31

FRANCK (le Vieux).

13 — Le Sacrifice de Jephté. — 20

FRANCK (F.).

14 — L'Adoration des Mages. — 28

MIGNON (Abraham).

15 — Abricots, raisins, fraises et insectes. — 29

MARTIN DE VOS.

16 — Six sujets tirés de la vie de la sainte Vierge.
    1º Le Mariage de la Vierge.
    2º La Naissance de Jésus.
    3º La Circoncision.
    4º La Présentation au Temple.
    5º La Pentecôte. Dans le fond, la Fuite en Égypte.
    6º La Mort de la Vierge.
Chacun de ces tableaux a un sujet derrière peint en grisaille. — 40

CHEVALIER MALTAIS.

17 — Fruits et nature morte. — 9 —

BASSAN (Jacques).

18 — Le Retour de l'Enfant prodigue. — 12

MARTIN, élève de Vandermeulen.

19 — Siège de la ville de Lille sous Louis XIV. — 36

OSTADE (genre de).

20 — Intérieur hollandais. — 14

ÉCOLE ESPAGNOLE.

21 — Vœu d'un évêque. Dans le haut, on voit des armoiries avec des inscriptions. — 49

MONNOYER (Baptiste).

22 — Vase contenant des fleurs. — 16

KABEL (Van der).

23 — Port de mer italien. — 12 10

ÉCOLE ITALIENNE.

24 — La Vierge tenant l'Enfant dans ses bras.
Le cadre est en bois sculpté.

SNYDERS.

25 — Chasse au tigre. — 48 -

POUSSIN (École de Nicolas).

26 — Paysage avec enfants célébrant une fête à Bacchus. (*Gouache.*) — 34

ABSOVEN.

27 — Intérieur avec quatre buveurs. — 11

ÉCOLE ITALIENNE.

28 — Portraits de trois philosophes. — 6

PANINI (Ecole de).

29 — Paysage avec architecture. — 26

DAVID (L.).

30 — Sujet romain. — 14

ÉCOLE FLAMANDE.

31 — Cérès. — 23

FYT (Attribué à).

32 — Gibier mort. — 11 —

ECOLE HOLLANDAISE.

33 — Paysage avec ermite en prières. — 18 -

RUBENS (Ecole de).

34 — L'Education de la Vierge. — *19*

STENWICK.

35 — Intérieur d'un palais décoré de peintures murales. *28 —.*

LAGRENÉE.

36 — Vénus et l'Amour. *' . 21*

BRÉDA (Van).

37 — Paysage avec bergers conduisant leurs troupeaux. *14 — .*

BRIL (Paul).

38 — Paysage avec l'Ange et Tobie. *5*

MIREVELT.

39 — Portrait d'une dame hollandaise. *22*

LESUEUR (Ecole de).

40 — Sujet mystique. *7.*

LOCATELLI.

41 — Paysage avec figures, animaux et ruines. *16 ,*

ÉCOLE ITALIENNE.

42 — Paysage avec des chasseurs et leurs chiens sur le devant. *22*

KNELLER.

43 — Portrait d'une dame de distinction *8. 10*

— 8 —

ACHS (Van).
14 — Vue des environs de Harlem. — 22

VERBRUGEN.
45 — Vase de fleurs.

DU MÊME.
46 — Vase de fleurs.
(Pendant du précédent.)

} 3o

BEET (Van).
47 — Bouquet de fleurs dans un vase. — 13.10

ÉCOLE FLAMANDE.
48 — L'Ange Gabriel. — 9 — "

ECOLE ITALIENNE.
49 — Buste de la Madeleine. — 7.10

WOUVERMAN (genre de).
50 — Le Maréchal-ferrant. — 10

LANCRET (Composition de).
51 — L'Oiseau en cage. — 6

PANINI (École de).
52 — Monuments d'architecture.

DU MÊME.
53 — Pendant du précédent.

} 14 —

DEHONDT.
54 — Combat de cavaliers. — 5. 10

ÉCOLE FLAMANDE.
55 — Jeune femme coiffée d'un chapeau rond. 12

ÉCOLE ESPAGNOLE.
56 — Nature morte. — 16

COYPEL (Antoine).
57 — Le Sacrifice d'Iphigénie. — 25

ÉCOLE DU TITIEN.
58 — Portrait de la maîtresse de l'artiste. — 18.

POELEMBURG.
59 — Loth et ses filles. — 18.

FRANCK.
60 — L'Adoration des rois mages. — 16

ÉCOLE FRANÇAISE.
61 — La Nativité de Jésus. — 13

FRAGONARD (Honoré).
62 — Le Baiser donné. — 40

DU MÊME.
63 — Le Baiser volé. — 46

ÉCOLE DE VAN DYCK.

64 — Portrait d'une dame de qualité tenant un perroquet. — 20

ÉCOLE FRANÇAISE.

65 — La Diseuse de bonne aventure. — 13 –
66 — Portrait de Femme. — 1

GRIMOUX.

67 — Portrait de jeune fille. — 8

ÉCOLE FRANÇAISE.

68 — Enfant couché. — 21

SKALKEN.

69 — La Ménagère. Effet de lumière. — 10

ÉCOLE HOLLANDAISE.

70 — La Madeleine en prière. — 10

SAINT-AUBIN (signé).

71 — Sujet tiré d'un conte de La Fontaine. — 29

TÉNIERS (père).

72 — Extérieur d'une maison rustique. — 31 –

LINGHELBACH.

73 — Vue prise au bord de la mer. — 6

ÉCOLE HOLLANDAISE.

74 — Port de mer. — 8

BASSAN (Jacques).

75 — Le Christ dit à saint Pierre : « Celui qui frappe par l'épée périra par l'épée. » *29*

REMBRANDT (École de).

76 — Tête de Vieillard. *20*

BRIL (Paul).

77 — Paysage avec Jésus et des pèlerins. *13*

ECOLE ITALIENNE.

78 — Berger assis au bord d'une rivière. *40*

WAMBEECQ (1697. Signé).

79 — Vue prise en Hollande. *10*

LANCRET (genre de).

80 — Le galant Jardinier. *6 . 10*

WATTEAU (école de).

81 — Repos de personnages en partie de chasse. *32*

ECOLE FRANÇAISE (du xviiie siècle).

82 — Enfants entourant un cartouche encadrant un blason. *10*

ÉCOLE ITALIENNE.

83 — Vue d'une ancienne ville avec personnages sur le devant. *8*

84 — Martyre d'un saint. *28*

85 — La Vierge et l'Enfant Jésus avec des anges. *17*

ÉCOLE FRANÇAISE.

86 — Fruits, Gibier et Nature morte. *13*

87 — Nymphe assise sur les bords d'un fleuve. *19*

MONGIN.

88 — Intérieur d'un parc. (Gouache.) *5*

RAOUX.

89 — Jeu d'enfants.

DU MÊME.

90 — Pendant du précédent.

33

ZURBARAN.

91 — Saint Michel terrassant le démon. *10*

ANCIENNE ÉCOLE FLAMANDE.

92 — Le Christ sur la croix. *12*

SAUVAGE (attribué à).

93 — Enfants jouant avec un mouton. (Grisaille.) *7*

ROOS (Henry).

94 — Bergers avec bestiaux dans les montagnes. *9*

ECOLE HOLLANDAISE.

95 — Portrait d'un seigneur du siècle de Louis XIV. *14*

DIETRICH.

96 — Portrait d'homme à longue barbe. *24*

MICHAUD.

97 — Paysage boisé. Sur une route, au bord d'une rivière, des villageois conduisent des bestiaux. *23*

SCHLIER (Michael).
98 — Monuments d'architecture. — 10

VAN ROON.
99 — Marine, avec vaisseau de haut bord. — 16

DIETRICH.
100 — Portrait d'un artiste. — 21

VAN DER POEL.
101 — Incendie d'une ville. — 12

VAN REHKOUTH.
102 — Ensevelissement de pestiférés. — 28

DAVID RICKART.
103 — Intérieur flamand. — 25

EVERDINGEN (genre de).
104 — Paysage avec cascades. — 31

RUTHARD.
105 — Chasse au sanglier. — 14

VAN BRUSSEL
106 — Vases ornés de bas-reliefs, remplis et entourés de fleurs de toute espèce. (Deux jolis pendants.) — 30f

VITRINGA.
107 — Marine. — 8

FRANCK (le vieux).

108 — Le Calvaire. Riche composition animée d'un grand nombre de figures. — *61*

VAN DEN BOCHS.

109 — Atelier de peintre et de sculpteur. (Deux pendants.) — *50*

INCONNU.

110 — Quatuor de chant. — *11*

ASSELYN.

111 — Paysage avec bergers traversant un gué. — *48*

TEMPESTA.

112 — Bataille. (Effet de nuit.) — *92*

VAN UDEN.

113 — Paysage boisé, orné de figures et de cavaliers. — *30*

JEANSSENS (attribué à).

114 — Assemblée galante. — *6.10*

MOMPER.

115 — Paysage. Sur la gauche, une route avec chariots; au centre, coule une rivière; sur la droite, beaux coteaux. — *28*

FRANCK (P.)

116 — Présents offerts à David par Abigaïl, femme de Nabal. — *29*

ÉCOLE ITALIENNE.

117 — Paysage avec figures. — 1 —

SCHWARTZ (Christophe).

118 — Le Calvaire. — 50

ÉCOLE FLAMANDE.

119 — La Bénédiction nuptiale. — 27

ÉCOLE HOLLANDAISE.

120 — Fruits et Nature morte. — 14 —

ÉCOLE ITALIENNE.

121 — Reine buvant une coupe de poison. — 13

MIREVELT.

122 — Portrait d'une dame hollandaise. — 16

ÉCOLE VÉNITIENNE.

123 — Jeune Fille tenant une fleur. — 29

VICTOORS.

124 — La Toilette. Scène d'intérieur. — 7

125 — Quelques Tableaux omis au catalogue et plusieurs cadres dorés.

116 — 8 10
9 10
1 .
22
1 . 10
4
2 . 10
6 .

12/ 9 lobbes ———— 4 .
4   8 en a ———— 2 . 10
    2 a ———— 2 .
    2 a a ———— 2
    2 a ———— 2 .
    9 a ———— 1
    9 a ———— 7 . 10
                1
                6
                6 . 10
                6 . 10
                8 .
                10

www.ingramcontent.com/pod-product-compliance
Lightning Source LLC
Chambersburg PA
CBHW071444060426
42450CB00009BA/2290